Joachim Leberecht (Hg.)

Die 7 Worte Jesu am Kreuz

Umschlaggestaltung, Illustration: Juliane Siekmann
Lektorat: Juliane Siekmann
Herausgeber: Joachim Leberecht
Verlag und Druck:
tredition GmbH, Halenreie 40-44, 22359 Hamburg

ISBN Taschenbuch: 978-3-347-06341-9
ISBN Hardcover: 978-3-347-06342-6
ISBN e-Book978-3-347-06343-3

Bibliografische Information der Deutschen Nationalbibliothek:
Die Deutsche Nationalbibliothek verzeichnet diese Publikation in
der Deutschen Nationalbibliografie; detaillierte bibliografische
Daten sind im Internet über http://dnb.d-nb.de abrufbar

Die letzten Worte Jesu sind Lebensworte.

Joachim Leberecht

Vorwort

Liebe Leserinnen und Leser,

auch die Herzogenrather Passionspredigtreihe war durch das Verbot öffentlicher Gottesdienste zur Eindämmung der Covid-19-Epidemie im Frühjahr 2020 betroffen.

Wir haben uns gefragt, wie wir mit der Passionspredigtreihe in der Markuskirche verfahren sollen und uns entschieden, die Predigtreihe unter veränderten Bedingungen fortzusetzen. Wir haben die Gottesdienste in kleiner Runde fortgeführt. Ab dem vierten Wort Jesu am Kreuz wurden die Gottesdienste aufgezeichnet und auf dem Youtube-Kanal *Lydia-Gemeinde Herzogenrath* hochgeladen. Die Gottesdienste der Predigtreihe wurden erstaunlich oft abgerufen.

Das hat uns gefreut und unsere Erwartungen übertroffen. Schade, dass die sonst üblichen Predigtnachgespräche nur in einem sehr überschaubaren Kreis der Gottesdienstfeiernden stattfinden konnten.

Wenn Sie die einzelnen Predigten lesen, werden Sie merken, wie Predigerinnen und Prediger ihr Wort Jesu am Kreuz in Beziehung setzen zu den Erfahrungen der gegenwärtig Leidenden und Helfenden in der Zeit der Ungewissheit, Angst und Panikmache der sich ausbreitenden Pandemie im Frühjahr 2020. Es ist und bleibt eine Stärke evangelischer Predigtkultur, die Gegenwart von einem Bibelwort her zu deuten. Einmal mehr wird deutlich, wie sehr das Kreuz evangelische

Theologie prägt und wie relevant dieser durch Paulus geprägte Ansatz bis heute ist.

Eine kurze Inhaltsübersicht verschafft Ihnen einen ersten Eindruck über die Vielfältigkeit der angesprochenen Themen und Zugänge. Jesu Worte auf dem Weg zum Tod sind Lebensworte. Worte, die uns zu einem guten und sinnvollen Leben anstiften wollen.

Herzlich bedanke ich mich bei allen Predigerinnen und Predigern, die sich der Auseinandersetzung mit einem Wort Jesu am Kreuz gestellt haben, und der Lektorin Juliane Siekmann, die auch den Buchumschlag gestaltet hat.

Joachim Leberecht

Die 7 Worte Jesu am Kreuz

Vater, vergib ihnen, denn sie wissen nicht, was sie tun:
Joachim Leberecht führt aus, dass Jesus am Kern seiner Botschaft vom Reich Gottes im Sterben festhält, wenn er seinen Vater um Vergebung für die bittet, die ihn kreuzigen. Die Frage nach Schuld und Vergebung ist für das menschliche Miteinander zentral.

Amen, ich sage dir: Heute noch wirst du mit mir im Paradiese sein:
In seiner biblisch fundierten Predigt legt Erhard Lay seinen Auslegungsschwerpunkt auf die drei Worte: *Amen, heute*

und *Paradies*. Das Verhältnis von Zeit und Ewigkeit kommt zur Sprache, aber auch die Frage nach dem Versöhnungstod wird gestellt.

Frau, siehe das ist dein Sohn! und: Siehe, das ist deine Mutter:
Mit einer meditativen Predigt über Hände erzählt Dirk Puder sehr plastisch von der Kreuzigungsszene im Johannesevangelium. Er nimmt seine Leserinnen und Leser behutsam an die Hand und weckt viele Assoziationen und eigene Erlebnisse.
Dem Verlag Bergmoser & Höller sei gedankt, der den Abdruck dieser Predigt zugestimmt hat.

Mein Gott, mein Gott, warum hast du mich verlassen:
Renate Fischer-Bausch spricht von der Gottverlassenheit Jesu am Kreuz. Dabei gelingt es ihr, die Gottverlassenheit wörtlich zu nehmen und sie nicht theologisch aufzulösen. Gerade in diesem Moment ist Jesus vielen Menschen nah, die sich mit ihrem Schicksal auch von Gott verlassen fühlen.

Mich dürstet:
In seiner Predigt führt Jochen Remy zwei wirkungsgeschichtlich prägende Bilder von dem Gekreuzigten vor Augen. Auf dem einen wird Jesus dargestellt, als ob ihn das Kreuz gar

nicht berühren würde. Der Erhöhte leidet nicht. Er hat das Leiden schon überwunden.

Auf dem anderen wird Jesus dargestellt, als ob er ganz in dem Leiden aufgehe. Dann ist er ein Spiegelbild der Leidenden.

Der Jesus am Kreuz, der sein Bedürfnis äußert: „Mich dürstet" ist für Jochen Remy ein menschlicher Zugang.

Es ist vollbracht:
Dr. Britta Schwering bringt dieses Jesuswort mit der Einspielung der gleichnamigen Arie der Johannespassion von Johann Sebastian Bach zum Klingen. Auch wenn unsere Frömmigkeit heute eine andere ist als zu Bachs Zeiten, schafft doch die Musik einen emotionalen Zugang, der Jesu Worte in einer Art und Weise einfängt, die unser theologisches Nachdenken und unsere Worte übersteigt. Die Musik ist hier das Medium des Evangeliums.

Vater, ich befehle meinen Geist in deine Hände:
In der Pandemie haben viele Menschen den Boden unter den Füßen verloren. Auch der gekreuzigte Jesus ist bodenlos. Frank Ungerathen wagt einen neuen Blick auf die Kreuzigungsgruppe. Dieser überrascht, irritiert und bettet das Wort Jesu vom „Vater" im Lukasevangelium neu ein. So schließt sich der Kreis vom ersten bis zum letzten Wort Jesu am Kreuz.

Joachim Leberecht

vater, vergiß ihnen,
denn sie wissen
nicht, was sie tun.

lukas 23, 34

1 „Vater, vergib ihnen, denn sie wissen nicht, was sie tun." Lukas 23, 34

Liebe Gemeinde,

seit dem Mittelalter werden die sieben Worte Jesu am Kreuz meditiert. Die letzten Worte Jesu haben eine breite literarische Spur hinterlassen. Viele von ihnen sind in das kollektive Bewusstsein eingegangen. Unsere Predigtreihe über die sieben Worte Jesu am Kreuz beginnt mit dem ersten: „Vater, vergib ihnen, denn sie wissen nicht, was sie tun" (Lukas 23, 34). Es steht im Lukasevangelium. Stück für Stück möchte ich es entfalten und herausstellen, dass das erste Wort Jesu am Kreuz uns zu einem guten Leben führen will.

Vater

Jesus redet Gott mit *Vater* an. Jesus sagt einfach *Vater* zu Gott. Vorher hat Gott Jesus bei seiner Taufe Sohn genannt (Lukas 3, 22). Ich habe das Lukasevangelium durchgeblättert und festgestellt, dass der lukanische Jesus Gott wiederholt direkt mit *Vater* anspricht.

Am auffälligsten ist das beim *Vaterunser*, dem bekanntesten Gebet der Christenheit, wenn nicht des ganzen Erdkreises. Wir haben es nach dem Matthäusevangelium aus der Bergpredigt gelernt, und aus *Unser Vater,* wie es bei Matthäus heißt, wurde das *Vater unser.* In der Feldrede bei Lukas lehrt

Jesu seine Jüngerinnen und Jünger einfach *Vater* zu sagen – ohne jegliches Pronomen: *„Vater! Dein Name werde geheiligt! Dein Reich komme!" (Lukas 11, 2).*

Weiter fällt auf: Lukas ist der einzige Evangelist, der das bekannte Gleichnis vom verlorenen Sohn erzählt (Lukas 15). Im Gleichnis ist es der *Vater,* der den verlorenen Sohn mit offenem Armen wiederaufnimmt, obgleich der Sohn sich vorher von ihm losgesagt hatte. Jesus, der Lehrer in der Synagoge; Jesus, der das Reich Gottes verkündigt in Worten und kraft des Geistes durch Heilungen; Jesus, der in Gleichnissen spricht; der sterbende Jesus am Kreuz und der auferweckte Jesus nennt Gott schlicht *Vater.*

Es muss für den gebildeten Schreiber des Lukasevangeliums faszinierend gewesen sein, dass Jesus Gott *Vater* nennt. Lukas selbst kam aus der griechischen Welt und er kannte sich mit dem griechischen Götterhimmel gut aus. Der Unterschied zwischen Göttern und Menschen ist fundamental, auch wenn etwa Zeus mit Menschen „verkehren" kann. Lukas war angezogen von der jüdischen Religion. Ihn beeindruckten die Tora und das besondere Verhältnis Gottes zu seinem Volk Israel. Der jüdische Glaube verehrte *einen* Gott, und das war Lukas sympathisch. Dass aber ein Jude wie Jesus Gott mit *Vater* anspricht und er von Gott sein Sohn genannt und nachösterlich von vielen als Gottes Sohn geglaubt wird, stellte alles bisherige griechische – und auch jüdische – Denken und religiöse Verhalten auf den Kopf. Lukas, der Heide, erkannte, dass die Verkündigung des Reiches Gottes durch Jesus von seiner engen Verbindung und Vertrautheit mit

Gott herrührte. Jesus lebte eine Liebe zu Gott, die Gottes Menschenfreundlichkeit erlebbar machte.

Jesus nennt Gott *Vater*, weil er sein *Vater* ist und weil alle Menschen im Reich Gottes zu Gott *Vater* sagen können. Über Jesu Tod hinaus hat seine Verkündigung des Reiches Gottes immer wieder eine starke Energie freigesetzt, Gott zu lieben und den Mitmenschen wie sich selbst. Das ist die gute Nachricht:

Wir alle gehören zu einer Familie, sind Schwestern und Brüder Jesu Christi und haben Gott zum Vater.

Wenn Sie möchten, denken Sie kurz über die folgenden Fragen nach: *Wenn Sie beten, wie sprechen Sie Gott an? Nennen Sie Gott Vater? Schwingt in Ihrer Anrede und in Ihrem Gebet etwas mit von der Nähe und Intimität, die das Wort Vater enthält?*

Vater, vergib

Der anglikanische Domprobst Richard Howard ließ diese beiden Worte *Vater, vergib* im Chorraum der durch deutsche Bombenangriffe im Herbst 1940 völlig zerstörten Kathedrale in Coventry einmeißeln. In Schmerz, Wut und Trauer über die Zerstörung blickte er auf Christus, erinnerte sich seiner Bitte: „*Vater, vergib*" und stiftete den Anfang einer noch heute anhaltenden Versöhnungsbewegung. Der Domprobst nutzte die Zerstörung durch die Angreifer nicht für Rachegelüste, sondern sah in den Feinden Menschen, die sich ins

Böse verstrickt hatten und wie jeder Mensch – und wie jedes Volk – der Vergebung bedürfen. Es gibt keinen Neuanfang ohne Vergebung. In der Bitte für den Feind wird der Feind zum Menschen – und auch die eigene Fähigkeit zur Schuld anerkannt. Später wurde daraus das bekannte Coventry-Gebet: *Vater, vergib* formuliert. Es wird jeden Freitag um 12 Uhr in der Coventry-Ruine und weltweit in vielen Versöhnungsgemeinschaften, den Nagelkreuzzentren, gebetet:

Alle haben gesündigt und ermangeln des Ruhmes, den sie bei Gott haben sollten. (Römer 3, 23)

Den Hass, der Rasse von Rasse trennt, Volk von Volk, Klasse von Klasse, **Vater, vergib.**

Das Streben der Menschen und Völker zu besitzen, was nicht ihr Eigen ist, **Vater, vergib.**

Die Besitzgier, die die Arbeit der Menschen ausnutzt und die Erde verwüstet, **Vater, vergib.**

Unseren Neid auf das Wohlergehen und Glück der Anderen, **Vater, vergib.**

Unsere mangelnde Teilnahme an der Not der Gefangenen, Heimatlosen und Flüchtlinge, **Vater, vergib.**

Die Gier, die Frauen, Männer und Kinder entwürdigt und an Leib und Seele missbraucht, **Vater, vergib.**

Den Hochmut, der uns verleitet, auf uns selbst zu vertrauen und nicht auf Gott, **Vater, vergib.**

Seid untereinander freundlich, herzlich und vergebet einer dem anderen, wie Gott euch vergeben hat in Jesus Christus. (Epheser 4, 32)

Wenn Sie möchten, denken Sie kurz über die folgenden Fragen nach: *Welcher Mensch fällt Ihnen ein, mit dem ein klärendes Gespräch ansteht? Hindert Sie Ihr Stolz, es zu führen? Ist die Verletzung so groß, dass es keine Brücke mehr zum oder zur anderen gibt? Können Sie sich vorstellen für diesen Menschen zu beten: Vater, vergib ihm? Vater vergib ihr?*

Vater, vergib ihnen

Mit der Vergebungsbitte wendet sich Jesus am Kreuz an seinen *Vater.* Ich höre diese Worte auch als Verzweiflungsschrei, nicht abgeklärt oder emotionslos nüchtern, sondern auch als schmerzhaftes Eingeständnis, dass sein Leben und seine Mission hier enden. Menschlich gesehen ist Jesus gescheitert. Und dennoch: Trotz seines Schmerzes sieht Jesus in seinen Mördern Menschen. Sie sind fern vom Reich Gottes. Sie sind verblendet. Jesus leidet an ihnen und unter ihnen. Jesus lässt sich durch seine Peiniger nicht zum Opfer machen. Das Gebet für seine Mörder schafft in ihm einen Raum, sie als Menschen zu sehen. Wohlgemerkt, Jesus sagt nicht zu seinen Peinigern: „Ich vergebe euch!" Jesus appelliert an die Barmherzigkeit seines *Vaters.* Sie hebt die Untat nicht auf, gewährt aber auch denen, die Böses tun, eine Zukunft.

In seiner größten Versuchung hält Jesus das Böse aus, lässt sich nicht von der Gewalt brechen und überwindet sie damit. Jesus vertraut in allem dem *Vater*. In diesem Vertrauen gelingt es ihm, sein Sterben anzunehmen und den Gewalttätern nah zu sein, nicht als Opfer, sondern als freier Mensch. Sie können ihm – so paradox es klingt – in Wahrheit nichts antun, da Jesus sein Vertrauen zu seinem Vater durchhält.

Im Gebet: „Vater, vergib ihnen" klingt schon etwas Österliches mit, ist schon die Auferstehung präsent. Die Gebetsworte sind von Verzweiflung und Hoffnung getränkt. Gerade deshalb sind sie eine sprudelnde Quelle für unseren Glauben und unser Leben.

Wenn Sie möchten, denken Sie kurz über die folgenden Fragen nach: *Kennen Sie die Erfahrung, in einer Krise dennoch gelassen zu sein, weil Sie sich auf unerklärliche Weise mit allen Menschen, der Schöpfung und dem Göttlichen verbunden fühlen?*

...denn sie wissen nicht, was sie tun

Dieser Satz ist keine Entlastung und Entschuldigung für die Mörder und Peiniger, vielmehr wird hier ein biblischer Realismus auf den Punkt gebracht: Der Mensch ist ein Sünder. Der Mensch ist in das Böse verstrickt, ob er es weiß oder nicht.

Gerade heute wird uns das immer mehr bewusst, dass es un-
möglich ist durch unser Verhalten ein unschuldiges Leben zu
führen.

Gleichzeitig wissen wir gar nicht – und in diesem Sinne wuss-
ten es auch seine Mörder und Peiniger nicht – was wir tun.
„Sie, wir, wissen das nicht, weil das Böse in seiner Un-
menschlichkeit gar nicht in einem genauen Sinn gewusst und
nur abgründig verblendet gewollt werden kann – und so
aber tatsächlich gewollt wird." (Koch, Jesus, S. 296)

Das ist die Macht der Sünde, der sich kein Mensch entziehen
kann. Darin sind wir alle gleich. Allein die Liebe kann diese
Macht durchbrechen. Dostojewski schreibt in seinem Roman
Die Brüder Karamasow: „Liebt den Menschen auch in seiner
Sünde, denn nur eine solche Liebe wäre ein Abbild der Liebe
Gottes und die höchste irdische Liebe."

Wenn wir die Liebe Jesu, die er im Gebet für seine Mörder
zeigt: „Vater, vergib ihnen, denn sie wissen nicht, was sie
tun" nicht ins Leere laufen lassen, dann sehen wir in den
Menschen, die uns absichtlich oder unabsichtlich geschädigt
haben, fehlbare Menschen, wie wir es selbst sind. Gottes
Geist vermag in uns eine Liebe wecken zu denen, die an uns
schuldig geworden sind. „Vater, vergib uns unsere Sünden,
denn auch wir vergeben jedem, der an uns schuldig wird"
überliefert Lukas Jesu Worte an seine Jüngerinnen und Jünger.

Seid barmherzig

Das erste Wort Jesu am Kreuz: „Vater, vergib ihnen, denn sie wissen nicht, was sie tun" ist nicht nur ein historisches Wort, dem wir distanziert begegnen können. Es ist ein geschichtliches Wort, das je auf seine Einlösung durch uns wartet. Lasst uns barmherzig miteinander umgehen: Das ist der Weg der Nachfolge. Jesus fordert seine Jüngerinnen und Jünger dazu auf: „Seid barmherzig wie auch euer himmlischer Vater barmherzig ist." (Lukas 6, 36)

Amen.

Joachim Leberecht

ámen, ich sage dir
heute noch wirst
du mit mir im para-
dies sein.

lukas 23,43

2 „Amen, ich sage dir: Heute noch wirst du mit mir im Paradies sein" Lukas 23, 43

Liebe Schwestern und Brüder,

die zweite Predigt in unserer Passionspredigtreihe befasst sich mit dem Wort Jesu, das da lautet: *Amen, ich sage dir: Heute noch wirst du mit mir im Paradies sein.*

Bei der Vorbereitung dieser Predigt drängte sich mir plötzlich die Erinnerung an eine Videoszene in den Nachrichten aus dem Jahr 2015 auf, die zeigte, wie eine Gruppe von 21 koptische Christen aus Ägypten an einem Strand in Libyen aufgestellt wurden, jeweils ihr Henker vom so genannten Islamischen Staat mit dem Messer in der Hand hinter ihnen. Das Video, das im Internet verbreitet wurde, hatte den Titel: „Eine in Blut geschriebene Nachricht an die Nation des Kreuzes."

Mir stellte sich die Frage, was es für mich bedeutet hätte, wenn ich dort hätte stehen müssen und der Mitchrist neben mir dieses Bibelwort zu mir herübergerufen hätte.

Natürlich sind die beiden Situationen nicht voll vergleichbar. Die Männer in Libyen wurden nicht wegen eines Verbrechens getötet, sondern einfach *nur* wegen ihres Glaubens. Und es war nicht Jesus, der ihnen seine Gemeinschaft in Gottes Reich versprochen hatte. Aber ihre Gefühlslage war vermutlich ähnlich wie bei den Männern an den Kreuzen auf

Golgatha. Und unser Gemüt bleibt dadurch auch nicht unberührt.

Wenden wir uns also der Situation zu, in der Jesus diese Worte nach Lukas sagt. Die Kreuzigung von drei Verurteilten hat bereits stattgefunden. Es war Brauch bei den Römern, wenn es sich anbot, mehrere Delinquenten gleichzeitig zu kreuzigen, *in einem Aufwasch* sozusagen. Zwei Übeltäter und Jesus in der Mitte. Was die beiden anderen verbrochen haben, schreibt Lukas nicht, Markus und Matthäus nennen die beiden Räuber, Johannes lässt eine nähere Bezeichnung ganz weg.

Einer lästert mit den Schaulustigen und ruft zu Jesus herüber: „Bist du nicht der Christus (also der Gesalbte Gottes)? Hilf dir selbst und uns!" Dieser Gekreuzigte versucht, seine ausweglose und sehr schmerzhafte Lage durch Verhöhnung eines Leidensgenossen für sich selbst erträglicher zu machen. Von Einsicht in Schuld, geschweige denn von Buße, ist nichts zu erkennen.

Der Andere reagiert ganz anders. „Fürchtest du nicht einmal Gott, der du doch in gleicher Verdammnis bist?" Er erkennt seine Schuld an: „Wir empfangen, was unsere Taten verdienen" – und nimmt Jesus in Schutz: „Er hat nichts Unrechtes getan." Er bekennt seine Schuld, sein verfehltes Leben und bittet Jesus: „Gedenke meiner, wenn du in dein Reich kommst." Für *ihn* ist klar, dass nach dem Tod noch etwas kommt. Und er glaubt auch, dass es für das Kommende verschiedene Möglichkeiten gibt. Zumindest das Totenreich nach jüdischer Vorstellung, Scheol genannt. Aber er glaubt auch an einen guten Ort, an den Jesus geht.

Man kann die Reaktion der beiden anderen Gekreuzigten auch so zusammenfassen: Der erste will Befreiung *vom* Kreuz. Er möchte nicht so und am besten nicht jetzt sterben. Der zweite will Befreiung *durch* das Kreuz. Mit dem Sterben am Kreuz will er die Erlösung von seiner Schuld und damit die Teilhabe an der Gemeinschaft mit Jesus in dessen Reich, also in dessen Herrschaftsbereich, dort wo alles Leiden beendet ist und nur noch Frieden und Gutes herrscht.

Und Jesus antwortet für den Ersten negativ, für den Zweiten positiv. Negativ deshalb, weil dem Ersten die Antwort Jesu gar nichts bringt. Er will jetzt vom Kreuz herab und sein Leben weiterführen. Als nicht Glaubender gibt es jetzt keine Hoffnung mehr, das angebliche Reich Jesu bringt ihm nichts.

Für den Zweiten ist die Antwort ungeheuer positiv. Lasst uns diese Antwort näher ansehen. „Amen, ich sage dir: Heute noch wirst du mit mir im Paradies sein." - Ich möchte diese Aussage unter der Überschrift der drei Begriffe *Amen*, *Paradies* und *heute* näher betrachten.

Amen

Amen ist ein Bekräftigungswort. Wir beenden ein Gebet damit und drücken aus: *Ja, so ist es!* Jesus beginnt seine Aussage damit und betont: „Was ich jetzt sage, ist wahr und gewiss." *Amen* steht auch im griechischen Urtext. Luther übersetzt: *Wahrlich, ich sage dir:* Das hat in der Situation des

Sterbens, ja des furchtbaren Sterbens, das bei Jesus etwa sechs Stunden gedauert hat, eine gewaltige Bedeutung, das die Vollmacht Jesu bekräftigt. Er sagt seinem Nachbarn am Kreuz: „Das ist wahr, was ich dir sage. Darauf kannst du dich verlassen, auf immer und ewig."

Paradies

Paradiesversprechen kennen wir eher aus der Werbung, vor allem im Zusammenhang mit Urlaub. Gerade in der trüben, nassen und kalten Jahreszeit zieht es viele in sonnigere Gefilde mit türkisblauem Meer, herrlichem Sand am Strand, Palmen, exotischen Früchten und warmen Temperaturen. (Nebenbei gesagt ist es in diesen Gefilden für die einfache Bevölkerung oft gar nicht so paradiesisch, dort zu leben.)

Aber Jesu Reich ist bekanntlich nicht von dieser Welt. Das Paradies, das er diesem Menschen, der an ihn glaubt, verspricht, ist kein höheres Schlaraffenland, wo ihm die Tauben in den Mund fliegen. Dieses Paradies, von dem Jesus spricht, ist das genaue Gegenteil der Hinrichtungsstätte Golgatha. Der Begriff kommt ursprünglich aus dem Persischen und meint einen Garten oder einen Park. Das lässt uns an den Garten Eden denken aus der Urgeschichte, in der von den beiden Menschen Adam und Eva die Rede ist. Sie leben in Gemeinschaft mit Gott in einem Paradiesgarten und kennen keine Probleme, außer dass sie nicht vom Baum der Erkenntnis und vom Baum des Lebens essen dürfen. Das heißt, platt gesagt: Sie dürfen nicht alles wissen und damit nicht sein wie Gott. Und sie dürfen nicht ewig leben.

Aber so gegenständlich wie diese Geschichte aus der Urzeit des Menschen ist die Paradiesverheißung Jesu an den Menschen neben ihm nicht zu verstehen. Hier geht es um Geborgenheit und Gemeinschaft oder besser um *Geborgenheit in der Gemeinschaft* mit Gott. Leben in Gottes Nähe auf ewig. Diese Nähe ist gekennzeichnet durch Liebe und die Prophezeiungen, die wir in Offenbarung 21 lesen können. Ein wunderschöner Text, den wir in unseren Gottesdiensten meist am Ewigkeitssonntag hören. Dort wird das neue Jerusalem beschrieben, das Gott schaffen wird. Dort wird Gott bei den Menschen wohnen. Er wird alle Tränen abwischen von ihren Augen, die sie vergossen haben durch Leid, Krankheit, Tod, Elend, Krieg, Flucht, Gewalt und Unterdrückung. Denn das alles wird es nicht mehr geben im Reich Gottes: nicht Leid, nicht Geschrei, noch Schmerz. Auch der Tod wird nicht mehr sein.

Alles, was der Todeskandidat jetzt erlebt, und was durch ihn andere Menschen erleben mussten – das muss dazugesagt werden – wird es nicht mehr geben, wenn er *durch* das Kreuz Jesu befreit wird. Das wird ihm zugesagt. *Mit mir* sagt Jesus. Eine engere Gemeinschaft gibt es nicht.

Lukas nimmt dem Tod nicht seinen Schrecken. Aber es wird auch der Weg ins Paradies gezeigt. Gottes Wege führen ins Licht, auch durch den Tod hindurch in die Geborgenheit in Gottes Liebe.

Wie kommt Jesus dazu, dem *Übeltäter* eine solche Zusage zu machen? Weil dieser sich ihm anvertraut. Weil er erkennt, dass Jesus für ihn die Rettung ist. Er bekennt sich schuldig und will *durch* das Kreuz hindurch die Gemeinschaft mit Jesus. Die Lebensgemeinschaft in den wenigen grausamen Stunden auf Golgatha und dann im Reich Gottes in der Ewigkeit. Jesus sagt in Johannes 6, 47: „Wer glaubt, der *hat* das ewige Leben." Und im zweiten Kapitel der Offenbarung wird in Vers 7 Bezug genommen auf die Urgeschichte. Dort heißt es: „Wer überwindet, dem will ich zu essen geben von dem Baum des Lebens, der im Paradies Gottes ist."

In diesem Sinne sind wir alle Adam oder Eva. *Sein werden wie Gott* wird nicht klappen. Aber wissen, was gut und böse ist, das zeigt uns Gottes Wort. Und vom Baum des Lebens zu essen, um ewiges Leben zu haben, das wird dem Glaubenden zugesagt.

Befreit, erlöst *durch* das Kreuz, für den Übeltäter durch das Kreuz Jesu. „Für mich hätte Jesus nicht am Kreuz sterben müssen", so sagen viele heutige Zeitgenossen, auch Christinnen und Christen. Dann ist davon die Rede, dass doch ein solch rachsüchtiger und grausamer Gott nicht in das Bild vom liebenden Gott passt.

Wer in einer Gesellschaft lebt, in der Menschenrechte gelten und die Todesstrafe abgeschafft ist, hat da seine Verständnisschwierigkeiten. Das ist vollkommen klar und wir sollten Gott dankbar sein, dass wir in einer solchen Gesellschaft leben dürfen. Die Menschen zur Zeit Jesu hatten diese Verständnisschwierigkeiten nicht. Gott hat genau in ihre Situation, in ihre religiöse Kultur gesprochen. Am Jom-Kippur-Tag, am großen Versöhnungstag, wurden einem Ziegenbock alle

Sünden des Volkes Israel symbolisch auf den Rücken geladen. Dann wurde dieser Sündenbock in die Wüste gejagt und die Sünden des Volkes waren weg und verschwunden. (Sie merken es, wie so viele Worte aus der Bibel in unseren Sprachgebrauch übergegangen ist: *jemanden zum Sündenbock machen* ebenso wie *jemanden in die Wüste schicken*. Das nur nebenbei.)

Dieser Stellvertretergedanke spielt beim Kreuzestod Jesu eine Rolle. Gott opfert sich, damit Menschen nicht opfern müssen. Das haben die Menschen damals verstanden. Damit konnten sie von der Botschaft der Versöhnung mit Gott erreicht werden. Wenn diese Vorstellung heute nicht mehr in das Denken vieler Menschen passt, muss der Wesenskern dieser Botschaft nicht auch gleich mit aufgegeben und gestrichen werden.

Denn es geht doch darum, dass Gott die Trennung zwischen sich und dem Menschen aufheben will, die durch die Sünde – die Abwendung des Menschen von Gott – entsteht. Dafür geht er sichtbar in Gestalt seines Sohnes Jesus in den Tod und zeigt damit die größte Liebe, die man einem Menschen zeigen kann. Genau das ist beim zweiten Übeltäter passiert. Er ist in der letzten kleinen Spanne seines Lebens umgekehrt und hat sich Jesus zugewandt.

„Es ist selten zu früh und nie zu spät", heißt es in einer anderen Version des Sprichworts. Der zweite Übeltäter hat die letzte Chance genutzt. Der andere nicht. Er hat verzichtet, ist innerlich bei seinem bisherigen Leben geblieben. Manche Ausleger meinen, dass es sich bei den Übeltätern um Zeloten

gehandelt habe, die die römische Besatzungsmacht be-
kämpft haben. In diesem Fall hätte der erste eventuell an seiner Vorstellung festgehalten, dass nur derjenige der Messias
sein kann, der die Römer aus dem jüdischen Land vertreibt.
So ist er in dem Unfrieden gestorben, in dem er gelebt hat.

Heute

Ist das so entscheidend, ob der Angesprochene heute oder
morgen mit Jesus im Paradies ist? Ja, es ist immer noch für
manche Christinnen und Christen eine offene Frage, gerade
im Zusammenhang eines Todesfalles, was nach dem Tod ge-
schieht, zumal in der evangelischen Theologie die strikte
Trennung von Leib und Seele als Vorstellung der griechischen Antike eher abgelehnt wird. Man geht weitgehend von
einem Sterben des Leibes mit der Seele aus und denkt an
eine Neuschöpfung am Ende der Zeit, am so genannten
Jüngsten Tag, wie es bildhalft durch das vorhin genannte
neue Jerusalem in Offenbarung 21 beschrieben wird. Damit
ist die Frage des Zwischenzustandes zwischen Tod und Auf-
erstehung/Neuschöpfung nicht erklärt. Bei Beerdigungsan-
sprachen werden als Deutungsansatz meistens Formulierun-
gen wie „die/der Verstorbene ist in Gottes Hand
aufgehoben" o. ä. verwendet.

Ein großer Unterschied ergibt sich aus der Entscheidung, wo
der Doppelpunkt gesetzt wird. Heißt es: *Ich sage dir: Heute
wirst du mit mir im Paradies sein?* Oder: *Ich sage dir heute:
du wirst mit mir im Paradies sein?* Der Blick in den griechisch
verfassten Urtext hilft leider auch nicht weiter, weil dieser

ohne Zeichensetzung geschrieben wurde. Dort steht es genauso wie wir es in der Luther-Bibel, in der Züricher, im Perikopenbuch der EKD und in der katholischen Einheitsübersetzung lesen. Und der Doppelpunkt ist in diesen und anderen Ausgaben hinter *dir* und vor *heute* gesetzt. So bleibt es also bei der Aussage, dass Jesus *heute*, also am Todestag mit dem Leidensgenossen ins Paradies eingehen wird.

Es wird immer schwierig, wenn man mit menschlichen Vorstellungen Gottes Wesen erklären will wie hier seinen Terminkalender. Gott ist nicht mit unserer Zeitvorstellung zu erfassen. Ewigkeit kann man nicht einfach durch eine endlose Verlängerung des Zeitstahles auf einem Blatt Papier nach rechts darstellen. Ewigkeit *umfasst* auch unsere Zeit. Wir sind sozusagen eingebettet in die Ewigkeit. In Offenbarung 10, 6 steht: „Es soll hinfort keine Zeit mehr sein." Manche Ausleger erklären sich diese Problematik auch so, dass sie sagen: Wenn der Verstorbene unsere Zeit verlässt und in die Zeit Gottes eintritt, ist Todeszeitpunkt und Jüngster Tag für ihn *ein* Zeitpunkt, weil die menschliche Zeitrechnung keine Rolle mehr spielt.

Jesus hält sich an solchen Überlegungen nicht auf. Seine Botschaft lautet: „*Heute* wirst du mit mir im Paradies sein." Das Heute ist wichtig. *Heute* hat der Übeltäter seine Lebensrichtung geändert, sich an Jesus ausgerichtet und das Beziehungsangebot von Jesus angenommen. Das ist das Entscheidende für seinen Ort in der Ewigkeit, jetzt in seiner letzten Stunde und danach.

Ich möchte schließen mit einem Blick auf einen Menschen, der diese Beziehung außergewöhnlich gelebt und auch so gestorben ist - Dietrich Bonhoeffer. Der Lagerarzt des Konzentrationslagers Flossenbürg beschreibt seine Begegnung mit Dietrich Bonhoeffer in den letzten Stunden seines Lebens: „Durch die halbgeöffnete Tür… sah ich Pastor Bonhoeffer in innigem Gebet mit seinem Herrgott knien. Die hingebungsvolle und erhörungsgewisse Art des Gebetes dieses außerordentlich sympathischen Mannes hat mich auf das Tiefste erschüttert. Auch an der Richtstätte selbst verrichtete er noch ein kurzes Gebet und bestieg dann mutig und gefasst die Treppe zum Galgen. Der Tod erfolgte nach wenigen Sekunden. Ich habe in meiner fast 50jährigen ärztlichen Tätigkeit kaum je einen Mann so gottergeben sterben sehen.“

Die letzten Worte von Dietrich Bonhoeffer sind von einem gefangenen englischen Offizier namens Payne Best überliefert. Zu ihm sagte Bonhoeffer zwei Tage vor seiner Hinrichtung: „Das ist das Ende – für mich der Beginn des Lebens.“

Amen.

Erhard Lay

Frau, siehe, das ist
dein Sohn.

Siehe, das ist deine
Mutter.

Johannes 19, 26-27

3 „Frau, siehe, das ist dein Sohn." „Siehe, das ist deine Mutter." Johannes 19, 26-27

Liebe Schwestern und Brüder,

Hände waschen heißt es im Frühjahr 2020 in nahezu jeder Stellungnahme zum Corona-Virus. Hände waschen für sich selbst, aber besonders auch für andere, damit man den Virus nicht unbewusst weiterträgt.

Mit unseren Händen nehmen wir Einfluss. Auf andere, auf uns selbst. Sie sind ein wichtiges Medium, um unsere Umwelt zu gestalten. Vielleicht sollten wir unsere Hände einmal ganz bewusst wahrnehmen.

Hand-Werker

Ich möchte ein kleines Experiment mit Ihnen machen. Bitte schließen Sie für einige Sekunden die Augen und versuchen Sie, sich zu entspannen. Denken Sie an nichts. Entspannen Sie sich. Sitzen Sie ganz entspannt. Und nun öffnen Sie die Augen und schauen sich einmal ganz bewusst Ihre Hände an.

Das sind Ihre Hände. Das ist Ihre Hand. Ihre Hand, mit der Sie Ihr ganzes Leben lang, bis heute ge*hand*elt haben. Die Handflächen mit Linien und Furchen darauf, die sich ganz merkwürdig verzweigen. Fünf Finger mit je drei Gelenken, beweglich zueinander, man kann mit ihnen greifen, begreifen. Das ist Ihre Hand. Damit haben Sie als kleines Kind nach der Hand Ihrer Mutter gegriffen und suchten Schutz und Geborgenheit bei ihr. Damit haben Sie als Schulkind oder Jugendlicher vielleicht mit Kameraden geboxt und gerauft. Einige Jahre später dann vielleicht der erste Freund oder die erste Freundin. Der erste, fast größte Schritt in einer solchen Freundschaft: zärtlich einander an der Hand berühren. Mit der Hand das Gesicht des lieben Menschen streicheln. Heute stehen Sie vielleicht mitten in Ihrem Leben, im Beruf oder zu Hause. Sie arbeiten mit Ihren Händen, schnell, geschickt, oder langsam und ausdauernd.

Oder vielleicht sind Sie auch schon etwas älter. Linien und Furchen sind in Ihre Hände eingegraben, ein ganzes Leben steht darin geschrieben. Einer, vielleicht sogar zwei Kriege, Trümmer, Wiederaufbau, Streicheln und Streiten – und jetzt im Alter vielleicht Ruhe. Die Hände liegen im Schoß, sie haben fast genug getan.

Es gibt viele verschiedene Hände. Hände von Kindern und von Jugendlichen, Männer- und Frauenhände, Hände, die ihr Leben lang gearbeitet haben, schwielig sind, aber geschickt und fest zupacken können, und Hände, die fast nur tippen können, Schreibtischhände.

Ich glaube, das Aussehen von Händen hat sich über Jahrhunderte nicht geändert. Ich wette, man könnte Bilder von Händen von vor zweitausend Jahren neben die von heute halten und man würde sie nicht unterscheiden können.

Da sind die Hände von Facharbeitern, Zimmerleuten. Geschickt und kraftvoll arbeiten sie an Holzbalken, die die römische Stadtregierung in Auftrag gegeben hat. Und da gibt es die weißen Hände von Beamten, von Schreibtischtätern: Gerade unterzeichnen sie das Todesurteil irgendeines Jesus von Nazareth. Keine große Sache. Eher eine Bagatelle, zwei andere sind noch am gleichen Tag fällig.

Jerusalem, eine quirlige, orientalische Stadt. Menschen sind in der Stadt, das größte Fest des Jahres steht vor der Tür, das Passahfest. Es ist der Tag vor Passah. Noch schnell müssen drei Verbrecher ihrer gerechten Strafe zugeführt werden, denn am Passah will man seinen Frieden haben.

Auf der Straße nach Golgatha. Eine Volksmenge, Schaulustig stoßen andere beiseite. „Lass mich auch mal sehen!" Einer der Verbrecher stolpert. Seine Hände rutschen von dem Balken, den er tragen muss. Die Aufseher greifen sich einen Zuschauer. Simon von Kyrene, der hat starke Arme und kräftige Hände – soll er doch helfen, das Kreuz zu tragen. Jesu Hände lassen den Balken los. Jesu Hände, die Hände eines fast Dreißigjährigen. Geschickte Hände, er hat sicher auch den Zimmermannsberuf erlernt wie sein Vater.

Jesu Hände. Jahrelang haben sie versucht zu heilen, wo es nötig war. Sie haben gestreichelt, wo jemand traurig war. Sie haben umarmt und festgehalten.

Jesu Hände. Sie haben Kinder übers Haar gestrichen. Gut, dass ihr da seid. Jesus erzählt von Gott, der die Menschen wie seine Kinder liebt. Seine Hände untermalen mit Gesten, was er sagt. Er erzählt, dass jeder Mensch ein unverwechselbares Geschöpf ist, so einmalig wie die Rillen an seinen Fingerkuppen, wie die Fingerabdrücke. Jeder Mensch wird gebraucht von Gott. Jeder Mensch kann mit seinen Händen etwas dafür tun, das diese Welt etwas menschlicher wird. Das ist ja gerade Gottes Auftrag, sagt Jesus.

Jesu Hände. Sie scheuen sich nicht, die Füße der Freunde zu waschen. Sie teilen Wein und Brot. Sie sind zu Fäusten geballt und werfen mit aller Kraft Händler und Geschäftemacher aus dem Hause Gottes heraus. Sie sind weit geöffnet und laden sanft ein: „Kommt alle her zu mir, die ihr mühselig und beladen seid."

Jesu Hände. Sie werden angenagelt. Lange eiserne Nägel fixieren Jesu Hände ans Kreuz.

Jedes Leben weicht aus ihnen. Jesu Hände können nichts mehr tun. Es ist aus.

Doch, eines muss noch getan werden. Es muss noch etwas gesagt werden. Noch einmal spannen sich die Hände. Unten am Kreuz stehen seine Mutter und sein bester Freund.

Und mühsam spricht er zu ihnen: „Mutter, das ist jetzt dein Sohn!" und „Freund, das ist jetzt deine Mutter!" Und die beiden rücken enger zusammen. Der junge Mann, der Jesus lange Zeit gefolgt ist, der mit ihm geredet und diskutiert hat, der mithalf, das Brot an die Fünftausend zu verteilen, er legt seinen Arm um die trauernde Mutter, eine Hand auf ihre Schulter.

Die Botschaft liegt jetzt, am Karfreitag, in den Händen dieser beiden, in ihren Händen.

„Jesus hat keine anderen Hände als unsere Hände, um seine Arbeit zu tun." So heißt es in einem Gebet. Unsere Hände, mit denen wir wie und für Jesus Handeln können.

Hand-Werker für Jesus sein.

Und vielleicht ist das alles, was wir in der Passionszeit sagen können, denn noch ist ja nicht Ostern. Aber das ist eine andere Geschichte.

In der Passionszeit werden wir Menschen aufeinander verwiesen. So wie der Lieblingsjünger und Jesu Mutter: „Frau, das ist jetzt dein Sohn. Freund, das ist jetzt deine Mutter".

Aneinander verwiesen, gegen den Kummer in dieser Welt anzulieben: mit Herzen, Mund und Händen.

Amen.

Dirk Puder

MEIN GOTT, MEIN GOTT,
warum hast du mich
verlassen?
MARKUS 15, 34

4 „Mein Gott, mein Gott, warum hast du mich verlassen?" Markus 15, 34

Liebe Gemeinde,

aufschreckend und todesmutig, laut geschrien und hörbar ist dieses – eines von sieben Worten, die Jesus gesagt haben soll, als er ans Kreuz genagelt war. Markus, einer der ältesten von denen, die von Jesus als Gottessohn – von seinen Worten, Taten und von seinem Sterben und Auferstehen in einem Evangelium – erzählt haben, hat uns dieses Wort als eines der letzten Worte Jesu am Kreuz so überliefert: „Mein Gott, mein Gott, warum hast du mich verlassen?"

Jesus hängt am Kreuz, ein quälendes Stück über dem Boden erhöht, so dass die Füße keinen Raum mehr haben, Schritte zu tun. Die Hände sind ihm gebunden, übereinander gelegt die Füße. Nägel sind hindurchgetrieben. Ein unbeschreiblicher Schmerz durchzieht den ganzen Menschen, steigert sich. Alles wird zur Qual von Kopf bis Fuß, in den Händen und Armen. Der Atem wird knapp, der Kreislauf versagt allmählich. Es ist ein elendes Leiden, ein über Stunden dauerndes, stundenlanges Sterben.

Es ist ein Sterben, das von Schuld herkommt, das andere so für Jesus herbeigeführt haben: durch unsolidarisches Verhalten, Verrat, Auslieferung, Verleugnung, Nicht-Verhindern, Verurteilen, Vollstrecken.

Es ist ein Sterben, bei dem den nächsten Angehörigen das Dabeisein verwehrt wurde, bei dem andere, Außenstehende, dem Sterbenden zusehen: gleichgültig, seine Kleidung bereits verlosend, auf seinen Besitz bedacht.

Argwöhnisch, mit lieblosem Blick wird der sterbende Jesus bewacht, sein Schwächerwerden wird verhöhnt, sein Sich-Dahingeben ohne Gewalt verspottet.

Auf der Hinrichtungsstätte, der Schädelstätte Golgatha, in den Schmerz, in die Angst vor dem Tod getrieben, in die Verzweiflung über die Endlichkeit und Vergänglichkeit allen Wirkens: So hängt Jesus am Kreuz. Da ist keiner, der Anteil nimmt oder helfend eingreift. Im Gegenteil:

Schaulustig gehen die, die da sind, auf Abstand, halten Distanz. Sie sehen und hören, was sie sehen und hören wollen: einen Sterbenden. Einen, der sich aufgibt und das, wofür er gelebt hat. Was ist das für ein Sohn Gottes, der ein solches Ende nimmt? So etwas kann doch keinem Gott widerfahren?!

Am Kreuz Jesu scheitert jede traditionelle Vorstellung von Gott!

So fragen auch wir: Was ist mit Gott, der sich doch hörbar gemacht hat, mit den Worten: „Du bist mein lieber Sohn, an dir habe ich Wohlgefallen." Damals, als Johannes, der Täufer, Jesus am Jordan taufte?

Was ist mit Gott, von dem Jesus mit Vollmacht geredet hat, dass er Leben für uns bereithält? Was ist mit Gott, in dessen

Namen Jesus Naturgewalten beherrschte und mit dessen Kraft er Kranke heilte?

Der Vater und der Sohn? Sie sind doch eins! Gott ist uns in Jesus menschlich nahegekommen: Da gibt es diese wunderbare Übereinstimmung, diese Untrennbarkeit, diese einzigartige Gemeinschaft von beiden. Was ist damit, jetzt am Kreuz?

Jesus ist der, der in Gleichnissen, in Worten und Taten von Gott und seiner Liebe zu uns Menschen erzählt hat, ja, der mit seinem Leben gezeigt hat, was Liebe ist.

Jesus ist der, der uns einlädt, darauf zu vertrauen, dass wir von Gott Hilfe, Beistand und Trost erwarten dürfen. Er hat uns Gott vor Augen gestellt als den guten Hirten, von dem der Glaubende, Betende hoffnungsvoll sagen kann: „Und ob ich schon wanderte im finstern Tal – im Tal der Todesschatten – ich fürchte kein Unglück; denn du bist bei mir."

Immanuel Kant (1724–1804), einer der bedeutendsten deutschen Philosophen, schrieb dazu: „Ich habe in meinem Leben viel kluge und gute Bücher gelesen. Aber ich habe in ihnen allen nichts gefunden, was mein Herz so still und froh gemacht hätte, wie die vier Worte aus dem 23. Psalm: *Du bist bei mir!"*

Aber: Hier, auf dem Kreuzeshügel, auf Golgatha, ist Jesus mit all seiner Qual auf dem Gipfel des Alleinseins und der Einsamkeit angelangt: Ausgeliefert, anderen Mächten und Gewalten ausgehändigt, so hängt Jesus am Kreuz. Er leidet.

Keiner seiner Freunde, kein Jünger ist da, der in seiner Nähe, bei ihm ist. Keiner, der mitleidet, keiner, der ihm Gutes zuspricht, Hilfe anbietet, seine Schmerzen lindert, oder das Sterben erleichtern würde… Es dauert und dauert – alles wird zur unsäglichen Qual, die Jesus schließlich (mit einem Gebetsruf) laut aufschreien lässt: „Mein Gott, mein Gott, warum hast du mich verlassen?"

In seinem *Buch Ein Schrei zerreißt die Welt. Über die sieben Worte Jesu am Kreuz* schreibt der Jugendpfarrer Ulrich Parzany: „Wir verharmlosen die Kreuzigungsgeschichte, wenn wir meinen, dass es Jesus vielleicht nur so scheint, als sei er von Gott verlassen." (S. 36)

Die Schwere der Situation liegt darin, dass er tatsächlich allein ist und die Qual der Gottverlassenheit durchleidet. Das ist so schrecklich, das ist so fremd, dass es bis in den Wortlaut hinein spürbar wird.

Als Ausdruck der äußersten Hilflosigkeit und eigenen Sprachlosigkeit, keine Worte für das Erfahrene, für das Erlittene zu haben, erinnert sich der sterbende Jesus an ein Psalmwort, an ein Gebet (Psalm 22)**:** „Mein Gott, mein Gott, warum hast du mich verlassen?"

Er bezeichnet Gott, mit dem er hadert, immer noch als seinen Gott und klagt ihm seine Urangst: Das *Warum?* – Wenn alle Sicherung zerbricht, wenn der letzte Halt verlorengeht: das Vertrauen darauf, dass Gott bei uns ist. (Denn das ist – nach der Erkenntnis eines Immanuel Kant – doch eben die tröstlichste Botschaft aller Bücher der Bibel: Gottes Zusage: *Ich bin bei dir,* und das Vertrauende: *Du bist bei mir.*)

Jesus – und das ist das wahrhaft Erschreckende und zugleich Berührende für mich in diesem überlieferten Wort am Kreuz – Jesus ist in seiner Todesstunde völlig fern von diesem Ur-Vertrauen, fern von Gottes Nähe, fern von dieser Gewissheit. Und dennoch klagt Jesus gegenüber Gott seine Gottverlassenheit mit frommen Worten. Seine tiefste Verzweiflung an Gott schreit er damit heraus.

Parzany schreibt weiter (S. 37): „Und als wollten die Evangelisten uns die ganze Fremdheit und Unerhörtheit dieses Gebetsschreies erhalten, halten sie ihn fest in der aramäischen Sprache."

Man spürt, wie fremd dieses war, dass die Evangelisten es festhalten müssen und sagen: So war es!

Begreifen wir heute, dass diese Überlieferung für uns zum Trost werden kann? Weil Gott in Jesus so wahrhaft Mensch geworden ist, dass er die Qualen der Gottverlassenheit durchlitten hat und uns *zum Bruder* im Gottsuchen geworden ist?

Jesus schreit unseren Schmerz, unseren Zorn, unsere Angst heraus. Das, was uns aufschreien oder verstummen lässt, macht er zu seiner Angelegenheit.

Tröstlich kann für uns sein: Dass Jesus nicht nur im Leiden und Sterben uns gleich geworden ist, sondern er hat uns auch den Weg gewiesen, aus dem Gott ihn und zugleich uns aus Leid und Tod heraus ruft ins Leben.

Uns bleibt, ja, die Verzweiflung. Oder besser: Dass wir uns dennoch – und wenn es mit einem todesmutigen Schrei ist – bis zuletzt an Gott wenden.

Uns bleibt, in einem Bild gesprochen, uns mit all unseren Warum-Schreien Gott in die Arme zu werfen, in der letztlichen, hoffnungsvollen Gewissheit, von ihm aufgefangen zu werden.

Das Bekenntnis „Mein Gott" *und* der Verlust unseres Vertrauens, die Angst davor, verlorenzugehen, die Scham, verlassen worden zu sein – all das kommt hier zusammen. Glaube und die Bitte: Hilf meinem Unglauben.

Rudolf Otto Wiemer schreibt zu Jesu Wort am Kreuz:

> Keins seiner Worte
> glaubte ich, hätte er nicht
> geschrien: Gott, warum
> hast du mich verlassen.
>
> Das ist mein Wort, das Wort
> des untersten Menschen.
>
> Und weil er selber
> so weit unten war, ein
> Mensch, der „Warum" schreit und
> schreit „Verlassen", deshalb könnte man

auch die andern Worte,
die von weiter oben,
ihm glauben!

Zuletzt: Ich denke an die Frau, die aufgrund ihrer schwindenden Gesundheit meinte, bald sterben zu müssen. In hohem Alter war sie bereit zu gehen, wie sie sagte, sie war ihres Lebens müde geworden. Aber dann lag sie da. Alle verlängernden Maßnahmen hatte sie durch Verfügung von sich gewiesen, nun wartete sie eine Woche nach der anderen und wurde zunehmend traurig und mit letzter Kraft fragte sie klagend und Gott anklagend: „Warum sterbe ich nicht? Will Gott mich nicht bei sich haben? Hat er mich vergessen?" Es war mir schwer, am Bett dieser Frau zu sitzen, zu warten und ihre Fragen zu hören. Aber jedes Mal, wenn ich sie besuchte, nahmen wir uns Gebete aus dem Buch der Psalmen vor und sprachen manchmal gemeinsam: Klage und Dank.

Das ist es, wonach wir uns sehnen, was wir uns von dem erhoffen, der uns durch die Taufe seine Liebe zugesagt hat: Du bist bei mir – und ich bin nicht allein. Das ist die Botschaft, die uns durch das Leben trägt, die uns stärkt, Sinn, Kraft, Halt und Trost gibt - zum Leben und zum Sterben.

Amen.

Renate Fischer-Bausch

41

MICH DÜRSTET.
Johannes 19, 28

5 „Mich dürstet." Johannes 19, 28

Liebe Gemeinde,

"Mich dürstet." Über dieses kurze Wort aus dem Johannesevangelium möchte ich heute in diesen schwierigen Zeiten mit Ihnen nachdenken.

Schaut man sich Passionsbilder von Jesu Kreuzigung aus der Kunstgeschichte an, dann fallen einem direkt zwei Typen von Darstellungen auf.

Sehr viele Werke betonen die Göttlichkeit Jesu: Ein strahlender Held mit makellosem Antlitz blickt uns vom Kreuz herab an. Dieser überhöhte Christus soll zeigen, dass am Ende Gott triumphiert. Das Kreuz ist notwendige Durchgangsstation zur mitgedachten Auferstehung. Karfreitag wird vom Ostermorgen aus gelesen. Ausgedeutet.

Jesus als glorreicher Held zeigt, dass nicht die selbsternannten Machthaber bestimmen, sondern dass Gott der eigentliche Herr des Geschehens ist. Und in dieser Botschaft liegt durchaus etwas Tröstliches. Es ist beruhigend, einen starken Partner an seiner Seite zu haben. Auf den man sich verlassen kann. Der mit Macht einem beisteht. Wer es schafft, sich das Bild eines allmächtigen Gottes zu bewahren, wird daraus Hoffnung und Kraft ziehen.

Aber ich will die beiden Nachteile, die sich aus diesem Gottesbild ergeben, nicht unterschlagen: Für unseren menschlichen Geist ist die Diskrepanz zwischen einem allmächtigen und gütigen Gott und dem Elend der Welt nicht wirklich auflösbar. Daran kann man verzweifeln.

Und dieser mächtige Gott ist zudem so unnahbar, dass es selbst für Gläubige mitunter schwer ist, die spirituelle Mitte nicht zu verlieren. Je mächtiger und stärker ich Gott denke, desto weiter ist er von meiner Lebenswirklichkeit entfernt, in der ich Erfahrungen von Schwachheit und Ohnmacht machen muss.

Der zweite Typus von Passionsbildern hat daher versucht, die menschliche Seite Jesu in den Vordergrund zu rücken. Diese Gemälde zeigen einen gemarterten Jesus, mit schmerzverzerrtem Gesicht, sein Körper über und über mit Wunden bedeckt. Dieser Jesus ist uns in seiner ganzen Verwundbarkeit näher. Er hat seine himmlische Macht in irdische Ohnmacht getauscht.

Auch wenn er hoch am Kreuz hängt, bleibt mir immer nur die Perspektive, auf Jesus herabblicken zu müssen, denn in ihm und seinem Elend ist der Tiefpunkt menschlichen Leids verdichtet. Ganz egal, was für Nöte ich in meinem Leben schon erfahren habe und noch durchleiden werde, Jesus kennt dieses Jammertal und zeigt mir dadurch, dass er mir nahe ist.

Viele von uns haben in diesen Tagen berechtigte Angst vor dem Coronavirus und seinen Folgen. Corona kommt aus dem Lateinischen und bedeutet übersetzt Krone. Die Assoziation zur Dornenkrone Jesu mag zufällig sein und doch kann sie mich verblüffen.

Wenn es gut läuft, dann gibt mir der Blick auf den leidenden Jesus die Kraft, auch mein ganz privates Kreuz zu tragen. Ich weiß mich mit Jesus geschwisterlich verbunden.

Wenn es schlecht läuft, dann hat dieses Jesusbild jedoch zwei gravierende Nachteile. Zum einem ist es wenig einladend, eine Nachfolge anzutreten, die mit so großem Leid verbunden ist. Mir macht gerade diese Betonung der Leidensbereitschaft Angst.

Und jemand, der freiwillig so viel Leid auf sich genommen hat, der kommt mir dadurch nicht zwingend näher, sondern der entfernt sich womöglich ebenso rasant von mir, weil ich selbst so viel Opferbereitschaft wahrscheinlich nicht aufbringen könnte. Die meisten Worte Jesu am Kreuz würde ich dem ersten Bildtypus zuordnen. Es ist bewundernswert, was und wen Jesus alles in seinem Todeskampf in den Blick nimmt. Der Ausruf "Mein Gott, mein Gott, warum hast du mich verlassen?" ist dem zweiten Bildtypus zuzuordnen.

Aber die große Ausnahme wird durch unser schlichtet "Mich dürstet" gebildet. Ich wüsste keine andere Stelle im Neuen Testament, an der Jesus so sehr auf sich selbst und seine eigene Bedürftigkeit schaut. Mir geht diese bescheidene Bitte, man möge ihm seinen Durst stillen, zu Herzen. Und ich fühle mich ihm dadurch verbunden.

Mir kommen Bilder von frisch Operierten in den Sinn, deren Lippen nur angefeuchtet werden konnten, weil sie zu dem Zeitpunkt nichts trinken durften. Durst ist ein so existentielles Bedürfnis, dass die deutsche Sprache keinen Begriff für seine Stillung kennt. Wenn ich keinen Hunger mehr habe, dann bin ich satt. Wenn ich keinen Durst mehr habe, dann bin ich...? Durst kann eben nicht für einen längeren Zeitraum beseitigt werden.

Und Jesu Durst wird durch einen römischen Soldaten gestillt, der einen Schwamm auf seine Lanze spießt und diesen mit Essigwasser tränkt. Meine Schüler wundem sich immer wieder über diese Szene, sind manchmal sogar empört, weil sie dahinter eine weitere Grausamkeit vermuten.

Aber mit Essig versetztes Wasser war ein normales Getränk römischer Soldaten, weil durch die Zugabe von Essig das Wasser haltbarer und bekömmlicher war als ohne. Ob hier ein erstaunlicher Akt von Barmherzigkeit zu beobachten war oder ob durch die Gabe auf perfide Art und Weise der Todeskampf noch verlängert werden sollte, lässt sich heute nicht mehr sicher beurteilen.

Mich dürstet.

Gerade in Zeiten wie diesen macht es Sinn, einmal darüber nachzudenken, was mir existentiell wichtig ist. Welcher Durst, welcher Hunger ist so bedeutend, dass ich ohne seine Stillung nicht auskommen kann?

Vermutlich gibt es keine Antwort, die über Essen, Trinken und einen sicheren Platz zum Schlafen für alle Menschen gleichermaßen zutreffen wird.

Die einen mögen gerade verzweifeln, weil sie ihrer Arbeit nicht nachgehen dürfen, während den anderen die Auszeit vielleicht sogar ganz gelegen kommt. Die Schließung von Kinos, Theatern oder Konzerthallen ist manchem völlig egal, während für andere gerade eine Welt einbricht. Und die Beschränkung auf die Familie in den eigenen vier Wänden genießt ein Teil, während andere sich lieber in Einzelhaft begeben würden.

Aber diese zwangsweise Infragestellung von Gewohnheiten bietet neben allem Beängstigendem auch die Chance, sich selbst und seine Verhaltensmuster zu hinterfragen.

Die Welt nach der Coronakrise wird nicht mehr so sein, wie sie vorher war. Das macht Angst, weil wir noch nicht abschätzen können, was oder wen wir aufgeben müssen. Aber dahinter verbirgt sich durchaus auch die Chance, noch einmal neu starten zu können. Mir persönlich geht es nahe, dass diese unvorstellbare Seuche vermutlich hätte vermieden werden können, wenn alle Welt sich an die biblischen Speisegebote gehalten hätte.

Wir können, nein, wir müssen uns immer wieder neu in Gedächtnis rufen, dass Gott uns schon den längst den Maßstab für ein richtiges Verhalten an die Hand gegeben hat. Wir müssen aber wohl immer wieder neu lernen, diesen Maßstab auf unser eigenes Leben zu übertragen.

„Mich dürstet…" – der Jesus, der zu seinen eigenen Bedürfnissen steht und sie umsetzt, ohne die Gemeinschaft der einzelnen Glieder dadurch zu gefährden, dieser Jesus ist mir nahe. Näher als es die eingangs erwähnten Bilder vom triumphierenden Christus oder vom geschundenen Jesus sein könnten.

Für einen kleinen Augenblick kann ich die Person Jesu entdecken, bevor diese wieder hinter seine Mission zurücktritt. Jesus ist eben nicht wahrer Gott oder wahrer Mensch, sondern wahrer Gott und wahrer Mensch zugleich. Erst die Symbiose aus beiden Vorstellungen rundet das Bild ab.

Die Stärke und Schwachheit zugleich geben mir Kraft in diesen schwierigen Zeiten mein Leben auf Gott und sein solidarisches Wort hin auszurichten.

Amen.

Und bleiben Sie gesund!

Jochen Remy

És ist vollbracht.
Johannes 19, 30

6 „Es ist vollbracht." Johannes 19, 30

Evangelium Johannes 19, 28-30:

28 Danach, als Jesus wusste, dass schon alles vollbracht war, spricht er, damit die Schrift erfüllt würde: Mich dürstet.
29 Da stand ein Gefäß voll Essig. Sie aber füllten einen Schwamm mit Essig und legten ihn um einen Ysop und hielten ihm den an den Mund.
30 Da nun Jesus den Essig genommen hatte, sprach er: Es ist vollbracht. Und neigte das Haupt und verschied.

Liebe Gemeinde,

„es ist vollbracht". Deutlich ausgesprochen, eventuell nur gehaucht.
Dann kommt das Ende. Jesus neigt das Haupt und stirbt. Ein langer qualvoller Tod ist dieses Sterben am Kreuz. Ein unglaublich großes Unrecht ist geschehen, denn Jesus wird verurteilt, obwohl er unschuldig ist.
Drei Worte. Kurz, knapp, prägnant.

„Was willst Du denn darüber predigen?" fragt mich meine Tochter. Auch ich denke über diese Worte nach, und frage mich: Was sie bedeuten? Und nähere mich, indem ich überlege, was Jesus *nicht* gesagt hat.

„Ich habe es vollbracht."
Nein, das sagt Jesus nicht. Nicht er hat gehandelt, nicht er hat es vollbracht. Er spielt sich nicht in den Vordergrund. Er

hat sich in Gottes Hand gegeben. Er geht den Weg der Wahrheit und dadurch folgt er der Schrift, erfüllt seine Bestimmung. Er lässt sich ans Kreuz schlagen, um zu sterben. Aber er hat es nicht vollbracht. In der Lesung haben wir zweimal diese drei Worte gehört. In Vers 28 „danach, als Jesus wusste, dass schon alles vollbracht war...". Und gleich darauf in Vers 30 „Jesus sprach: Es ist vollbracht." Gewiss kein Zufall, sondern Absicht, um den Worten Gewicht zu verleihen.

„Ich habe es geschafft."
Auch das sagt Jesus nicht. Etwas *geschafft haben*, das heißt nicht gleich, es zu Ende zu bringen. Das Wort geschafft hat nicht diese Endgültigkeit. Schaffe ich etwas, dann kann es auch ein Abschnitt sein. Ich schaffe es, fünf Kilometer zu laufen, ich schaffe es, eine Sprache zu erlernen. Ich schaffe es, gelassen zu bleiben. Ist etwas geschafft, bleibt ein positives Gefühl, eine Leistung wurde erbracht, aber ich baue darauf auf, es geht weiter, quasi ein Etappenziel.

„Es ist zu Ende."
Nein, auch das sagt Jesus nicht. Ist etwas vollbracht, so ist es natürlich zu Ende, aber vieles kann zu Ende gehen. Die Kindergartenzeit, die Schulzeit, ein Kinofilm. Zu Ende sein: das ist nicht stark genug. Es ist vollbracht, das ist der große Wurf, eine gigantische Anstrengung, etwas, was man nur einmal im Leben bewerkstelligen kann und wird.

Worte waren dem Evangelisten Johannes wichtig. Seine Worte sind uns überliefert und werden auch heute noch immer wieder gelesen. Worte sind auch für uns wichtig. Das gesprochene Wort hat einen großen Stellenwert in unserer Zeit, da es unseren Verstand anspricht.

Die Musik hingegen spricht unsere Gefühle an. Deswegen gehört Musik in unsere Gottesdienste und bereichert sie. Die Worte *Es ist vollbracht* sind oft vertont worden. Ich habe lange in einer Kantorei gesungen. Und von Beginn an, als ich über die Worte, die mich immer wieder aufs Neue stark bewegen, nachgedacht habe, habe ich diese wunderbare Arie aus der Johannespassion von Johann Sebastian Bach im Ohr.

Bachs Johannespassion folgt klaren Regeln: In den Rezitativen kommt der Evangelist zu Wort und singt erzählend den Bibeltext, hier also das Johannesevangelium. Auch in den Chören, Chorus genannt, wird der Bibeltexte vertont. Oft kommt das Volk von damals zu Wort: mit *Kreuzige* oder *Lasset uns den nicht zerteilen*. Die christliche Gemeinde zu Bachs Zeit kommt seltener vor, dafür aber an prominenter Stelle, nämlich im Eingangs- und Schlusschor. Aber auch die Choräle der Bach-Passionen drücken die Empfindungen der christlichen Gemeinde aus. Die Melodien sind z.T. alte Kirchenlieder, zum Teil sind die Choräle noch in unserem Gesangbuch zu finden.

Arien hingegen kommentieren den Bibeltext und legen ihn aus, wie eine kleine Predigt. Ich lese den Text der Alt-Arie *Es ist vollbracht* vor:
Es ist vollbracht. O Trost vor die gekränkten Seelen.
Es ist vollbracht. Die Trauernacht lässt nun die letzte Stunde zählen.

Der Held aus Juda siegt mit Macht und schließt den Kampf.
Es ist vollbracht.

Gerne können Sie sich die Arie selbst einmal anhören, beispielsweise interpretiert von dem Kopenhagener Chor Ars Nova mit der Altistin Kirstin Mulders.

https://youtu.be/h3b-cPfUwbM

Musik löst Emotionen aus, viel besser als das gesprochene Wort es kann. Für mich ist die Vertonung wunderbar gelungen. Zwei Gefühle empfinde ich besonders stark. Beide schwingen auch in den Worten *Es ist vollbracht* mit.

Ganz stark ist das Gefühl der Trauer:
Welche Qual am Kreuz. Welche Ungerechtigkeit. Unschuldig wird Jesus ans Kreuz genagelt und stirbt. Einen anderen Weg, einen Ausweg, den gibt es nicht. Keiner erbarmt sich. Es findet kein Umdenken statt. Einmal ans Kreuz geschlagen, gibt es kein Zurück. Hilflos müssen Freunde und Verwandte zusehen. Nur wenige stehen Jesus in den schweren Stunden bei, indem sie einfach da sind, dort an der Schädelstätte. Die Trauer über das Geschehene, den Verlust, ist groß und übermächtig. Jesus stirbt, die Schrift erfüllt sich, ein Leben geht zu Ende. Auch mich ergreift diese Traurigkeit. Immer wieder aufs Neue bin ich sprachlos darüber, dass Jesus sterben musste – dass er *so* sterben musste. Und immer wieder aufs

Neue bin ich fassungslos, dass Menschen genau das gewollt haben. Dass Menschen nicht erkennen konnten, dass Jesus der Christus ist, und sich schuldig gemacht haben an seinem Tod. Der Tod kommt für Jesus als Erlösung. Sein kurzes Leben geht zu Ende. In der Passionszeit gehen wir den Leidensweg mit Christus.

Ja: Es ist vollbracht.

Das zweite Gefühl ist die Freude.
Die Schrift erfüllt sich. Die Sünden werden vergeben, weil Jesus alle Süden auf sich geladen hat. Was für ein Geschenk. Das Lamm Gottes gibt sich hin für alle Menschen, auch für uns. Gott leidet durch seinen Sohn mit uns und nimmt sich unserer an. Dafür können wir dankbar sein. Jesus ist heldenhaft den prophezeiten Weg bis zum Tod und darüber hinaus gegangen. Er hat sich der Herausforderung gestellt. Mutig, zuversichtlich und voller Gottvertrauen. Was für ein Glück für uns Christinnen und Christen. Der Kampf und die Zweifel sind ein für alle Mal ausgefochten. Gott liebt uns Menschen und vergibt uns unsere Schuld und schenkt uns das ewige Leben. Mit diesem Wissen ergreift mich das Gefühl der Freude.

Ja: Es ist vollbracht.

Trauer und Freude. Passionszeit und Ostern, beides bestimmt unser Leben.

Die Trauer darf sein, damals sowie heute. Aber die Freude und Dankbarkeit wird die Trauer überwinden. Denn als Christinnen und Christen glauben wir an ein Leben nach dem Tod. Das ewige Leben, ist uns nicht nur verheißen, es ist uns gewiss. Damals, heute und in der Zukunft.

Ja: Es ist vollbracht.

Amen.

Britta Schwering

VATER, ICH BEFEHLE
MEINEN GEIST IN
DEINE HÄNDE.
LUKAS 23, 46

7 „Und Jesus rief laut: Vater, ich befehle meinen Geist in deine Hände!" Lukas 23, 46

Evangelium Lukas 23, 44-46

44 Und es war schon um die sechste Stunde, und es kam eine Finsternis über das ganze Land bis zur neunten Stunde, 45 und die Sonne verlor ihren Schein, und der Vorhang des Tempels riss mitten entzwei.
46 Und Jesus rief laut: Vater, ich befehle meinen Geist in deine Hände! Und als er das gesagt hatte, verschied er.

Liebe Gemeinde,

und das Volk stand da und sah zu. Und es standen seine Bekannten von Ferne und sahen das alles. Wir stehen von ferne und sehen das alles, seit sechs Wochen sehen wir dem Sterben Jesu zu und hören seine letzten Worte. Diese ganze Geschichte ist uns vertraut und zugleich voller Abgründe. Geht sie uns an? Geht sie uns so an, dass sie in unser Leben trifft, die Seele berührt und uns verändert? Wir haben Jesu Leidensweg und seine Kreuzigung unzählige Male in Stein gemeißelt, auf Leinwand für unsere Altäre gemalt, in Oratorien besungen. Wir hören die Geschichte, sehen ihre Darstellung. Berührt sie uns in der Tiefe oder ist sie für uns nur noch ein Bild unserer abendländischen Tradition? Bildungs-Gut, das man kennen muss, wenn man unsere Kulturgeschichte begreifen will und die Gemälde in den Museen verstehen. Wie nah lassen wir diese Geschichte an uns heran? Lukas hat diese Frage auch.

Und so erzählt er: So geht es mit Jesus zu Ende. Jesus, der Menschensohn, der Sohn Gottes, vor ein paar Tagen noch mit Gesängen und Palmzweigen umjubelt – er hängt jetzt zwischen zwei Schwerverbrechern. Erhöht über der Erde. Er schwebt nicht über den Dingen. Der sichere Boden unter seinen Füßen ist ihm weggezogen. Er ist gefangen und festgenagelt an einem Holzbalken. Hoch oben hängt er da und schaut runter auf die Soldaten, auf die Schaulustigen, auf seine Familie und die wenigen Anhänger, die sich dort noch hingetraut haben.

Jesus wird sterben. Er wird zum Vater gehen. Er wird all das tun, wovon unsere Lieder heute Abend singen und in den letzten Wochen gesungen haben. Dietrich Bonhoeffer fragt in einer Meditation zu Karfreitag, „ob es jemals einen Menschen gegeben hat, der so wenig Boden unter den Füßen gehabt hat wie dieser Jesus.“

Wir können Bonhoeffers Frage leicht beantworten: Jetzt und jeden Tag hängen viele Menschen in der Luft. Wissen nicht mehr ein noch aus. Hängen in ihren Sorgen fest. Verlieren sich in Ängsten.

Jesus ist dort oben am Kreuz nicht alleine. Neben ihm hängen nicht nur zwei Verbrecher. Neben ihm hängt die Tochter, die sich aus totaler Verzweiflung aus dem Fenster gestürzt hat. Neben ihm hängt der Krankenpfleger, der jetzt selbst corona-infiziert ist und mit dem Tod ringt. Neben ihm hängt der Witwer, der nun nach 63 Jahren jeden Morgen alleine aufstehen muss. Neben ihm hängt die Großmutter im Pflegeheim, die nicht versteht, warum ihre Kinder und Enkel nicht mehr kommen. Sie alle haben den Boden unter den Füßen verloren. Sie wissen nicht ein noch aus. Jede und jeder in einer anderen Situation, doch in derselben, absolut gnadenlosen beängstigenden Erfahrung.

Ihre Leiden haben ihr Leben eingefangen, ihre Leiden bestimmen jetzt ihren Horizont. Verbunden sind sie darin aber mit Christus. Leiden ist ihm nicht fremd. Er weiß, was Verlust bedeutet; er kennt alle abgründigen menschlichen Regungen. Nichts von dem, was uns Menschen ausmacht, ist ihm fremd. Nicht die Enttäuschung, nicht die Verzweiflung, nicht die Hoffnungslosigkeit, nicht die Tränen, die wir weinen. Was unterscheidet uns von dem Jesus, der da am Kreuz hängt?

…Nichts.

Jesus aber, der dort am Kreuz hängt, hat immer noch die Kraft zu trösten. Er tröstet nicht nur den Verbrecher neben ihm, er tröstet den Hoffnungslosen, er tröstet die mit zerbrochenem Herzen: „Vater, vergib ihnen, denn sie wissen nicht, was sie tun". „Heute wirst Du mit mir im Paradies sein." Jesus tröstet, es interessiert ihn nicht, was Du getan hast. Denn er ist nur interessiert an Dir, gibt Dir die Liebe Gottes, des Vaters, einfach weiter – immer noch.

Lukas erzählt Jesu Kreuzigung nicht so, dass das Kreuz Vergebung bewirkt. Sondern das Kreuz bringt die Vergebung zum Ausdruck. Das Kreuzesgeschehen bringt uns Zuschauern und Zuhörern die Vergebung nahe. Wer auf Jesu vergebende Liebe sieht, kann in seinem Herzen wissen, dass ihm alle

Schuld verziehen ist. Jesu erbarmende Liebe kommt hier am Kreuz zur Vollendung.

Lukas schildert dann Jesu Tod. Wie ein Geschichtsschreiber gibt er die Umstände und die Uhrzeit für Jesu Tod an. Mittags hatte es angefangen, dass aus den umliegenden Wüsten ein kriechender Sandsturm die ganze Stadt und die ganze Gegend in einen dunklen Staubnebel eingehüllt hatte. Jesus stirbt nicht mit einem Schrei, sondern betend: „Vater, in deine Hände befehle ich meinen Geist." Jesus betet Worte des 31. Psalms, des jüdischen Abendgebetes. Doch Jesus spricht Gott in seiner Weise mit Vater an. „Vater, in deine Hände befehle ich meinen Geist."

Jesus stirbt in die liebenden Arme seines Vaters hinein. Er kehrt heim zu seinem Vater, den er mit dem kindlich-zärtlichen *Abba = lieber Vater, Papa* anspricht.

Der Tod – so will es Lukas uns vermitteln – ist für Jesus nichts Schreckliches, sondern nun vollendet sich seine auf Gott vertrauende Liebe. Hier erfüllt sich, was Jesus schon in seiner Jugend im Tempel gesagt hatte: „Wisst ihr nicht, dass ich in dem sein muss, was meinem Vater gehört?"

„Vater, in deine Hände befehle ich meinen Geist." Dieses Gebet bringt Jesus durch den Tod wie durch eine Tür in die liebenden Arme seines Vaters hinein. Das ist die Verheißung, die Lukas im Sterben Jesu sieht. Betend werden auch wir nicht ins Nichts fallen, sondern im Sterben gehen auch wir wie durch eine Tür in unsere bleibende Existenz bei Gott heim, in Gottes Friede hinein, in Gottes Liebe hinein – so sage ich es jedes Mal auf dem Friedhof.

Liebe Gemeinde, das Kreuz als Symbol für Schwachheit wird durch Jesus verwandelt. Es wird zum Zeichen für Hoffnung, für Aufrichtung. Das bodenlose Leid wird begrenzt. Der Leidende bekommt festen Boden unter die Füße. Wenn wir Jesu Sterben wirklich anschauen, wirklich hinschauen, dann verwandelt es uns, dann bleiben wir nicht unberührt. Dann geht uns Gott auf. Dann öffnet sich uns der Himmel, und das Geheimnis göttlicher Liebe wird offenbar.

„Vater, in deine Hände befehle ich meinen Geist". Vater, in deine Hände befehle ich mein Leben. Nur bei Dir, Vater, ist mein Leben. Mein Leben hängt nicht ab von meinem Intellekt, von dem, was ich geleistet habe, vom Bankkonto, vom Glück oder Unglück meines kurzen oder langen Lebens. Vater, barmherziger, gütiger Vater, Deine Liebe ist mein Leben. Meine Schmerzen, meine Fragen, meine Krankheit, mein Leid, meine Sorgen, meine Lebensfreude, meine Lebenslust, meine Hoffnung, das lasse ich in Deine Hände los. Berge mich in Deiner Liebe.

Und der Friede Gottes, der höher ist als alle Vernunft und tiefer in uns wirkt als unser Wille und unsere Gefühle, der bewahre unsere Herzen und Sinne, unseren Leib und unseren Verstand im Frieden Jesu.

Amen.

Frank Ungerathen

Literatur zu den 7 Worten Jesu am Kreuz

Quellen

➢ Die Bibel. Nach Martin Luthers Übersetzung, revidiert 2017
➢ Versöhnungsgebet aus Coventry: Vater vergib, Evangelisches Gesangbuch: Ausgabe Rheinland/Westfalen/Lippe, eg 879

Literatur

➢ Eberhard Bethge: Dietrich Bonhoeffer – Theologe, Christ, Zeitgenosse, 1967

➢ Fjodor M. Dostojewskij: Die Brüder Karamasow, in der Übersetzung von Swetlana Geier, S. Fischer Verlag 2008

➢ Anselm Grün: Vater vergib ihnen. Die sieben letzten Worte Jesu am Kreuz, 2014

➢ Traugott Koch: Jesus von Nazareth, der Mensch Gottes, 2004

➢ Martin Mosebach: Die 21. Eine Reise ins Land der koptischen Märtyrer, 2018

➢ Ulrich Parzany: Ein Schrei zerreißt die Welt. Über die sieben Worte Jesu am Kreuz, 1978

➤ Rudolf Otto Wiemer: Dann werden die Steine schreien.
Jesus-Geschichten – neu erzählt, 2003

Inhalt